C0-AOR-622

川越達也の
3ステップで10分パスタ

はじめに

“イタリアン”と聞いて、みなさんがパッと思い浮かべるメニューといえばパスタではないでしょうか？
パスタはそのバリエーションの豊かさが魅力。トマト系、クリーム系、オイル系の定番のほか、めんつゆやしょうゆといった和風までどんなベースにも合うし、食材の組み合わせ次第でどんどんアレンジが広がる、頼もしい１品ですよね。
もちもちの麺にからまるソースはそれだけでもう絶品！
この本では、手に入りやすい食材と、３ステップでできるというお手軽さに加えて、「これってちょっとおもしろいかも」という僕なりのアイデア――食材だったり、意外なかくし味だったり――を入れたパスタを紹介します。
「いつも食べているパスタをブラッシュアップしたい」
「ちょっと目先を変えたパスタが食べたい」
そんなときに、ぜひ開いてほしいと思います。
お目当てが見つかったなら、さあ、調理開始。
新たなおいしさは、すぐそこに！

Kigaruni Tsukutte
Oishiku Tabete!
COFFEE
BISCUIT

Contents

Part 5 ひんやり！冷たいパスタ

※本書における大さじ１は15㎖、小さじ１は5㎖、１カップは200㎖です。
※コンロの火かげんは、注記がない限り、中火です。
※コンソメはチキンコンソメ、鶏がらスープのもとは中華用を使用しています。
※電子レンジの加熱時間は600Wを目安に表示しています。
※材料の分量、加熱時間等は目安です。様子をみながら調整してください。
※パスタのゆで上がりと、具やソースの仕上がりが同時になるように計算して調理するのがコツ。

Part 1 / Part 2 / Part 3 / Part 4 / Part 5 / Part 6

Part 6 パーティパスタ&イタリアンメニュー

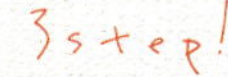

パスタの種類

この本では、５種類のパスタを使いました。
おうちで常備するなら、スパゲッティ、スパゲッティーニの２つで大丈夫。
太い麺はクリーム系などの濃厚なソース、細い麺は
あっさりしたソースや冷製に合うといわれています。

フェットチーネ
5～8㎜幅。
リボン状。

スパゲッティ
1.6～1.9㎜の太さ。

スパゲッティーニ
1.2～1.5㎜の太さ。

フェデリーニ
1.0～1.4㎜の太さ。

カッペリーニ
～0.9㎜の太さ。

パスタのゆで方

なんといってもパスタは、
ゆで方が命！
ポイントは
「少し多いかな？」くらいの
塩加減でゆでること。
ゆで上がりより
少し前にかじって
ゆで加減を確かめることも
忘れずに。

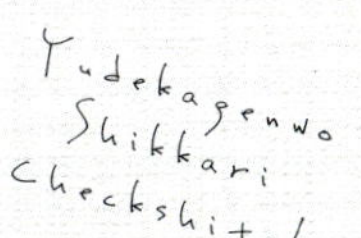

①

お湯が十分に沸騰してから、塩を入れて。塩の量は、お湯の量の１％が目安。「ちょっとしょっぱいかな？」くらいでちょうどいいはず。

②

パスタを投入。なべにくっつかないよう、ばらしながら手早く入れて。最初は強火、再び沸騰したら静かに沸いている状態で火を調節しながらゆでて。

③

パスタの袋に表示してあるゆで上がり時間より少し早めに、１～２本つまんでかじってみて。中心に芯が残るくらいならゆで上がり。

※具やソースの仕上がりと同時になるように計算してゆでること！

Part 1

テクニックいらずですぐできる、
おうちパスタの基本！

トマトソースのパスタ

トマトを煮詰めて、うまみをたっぷり出したトマトソースは、みんなが大好きなパスタの代表。そのままゆでたてのパスタとからめて食べても立派な１品になるし、冷蔵庫にある食材と合わせてもおいしく食べられるのがいいところ。トマトソースのパスタを作るときに加えてほしいのは、いためた玉ねぎ。自然な甘みとコクがプラスされて、まろやかな仕上がりになるので、トマトの酸味が苦手な人にもおすすめ。

Tomatono Umamiga
Ippaidesu!

はちみつを加えて、トマトの甘みを引き出したシンプル味

コロコロかぶのトマトソースパスタ

材料（２人分）

スパゲッティ……160ｇ
玉ねぎ……¼個
トマトの水煮缶……１缶（240ｇ）
A ┌ にんにく（みじん切り）……大さじ½
　│ 赤とうがらし（種を除き輪切り）……½本
　└ オリーブオイル……大さじ２
はちみつ……小さじ１
かぶ……１個（120ｇ）
バジル……好みで
粉チーズ……適量

下準備

●玉ねぎは薄切り、かぶは葉をとって１cm程度の角切りにする。

作り方

1. フライパンにＡを入れて火にかけ、香りが立ったら玉ねぎを加え、透き通るまでいためる。
2. ①にトマトの水煮と塩ひとつまみ（分量外）を加え、木べらなどで軽くつぶしながら煮詰める。
3. ②が⅔量くらいに煮詰まったらはちみつを加える（＝基本のトマトソース）。ゆで上がったパスタを加えてからめ器に盛り、かぶを散らす。バジルを飾って粉チーズを振る。

なすはソースとからむよう、多めのオイルでしっかりいためて

なすとアンチョビのパスタ

材料（2人分）

スパゲッティ……160g
なす……2本
アンチョビフィレ……2本
A［にんにく（みじん切り）……大さじ½
　赤とうがらし（種を除き輪切り）……½本
　オリーブオイル……大さじ4
「基本のトマトソース」（P.10参照）……⅓量
粉チーズ……適量
イタリアンパセリ……好みで

下準備

● なすは縦に六つ〜八つ切りにする。

作り方

1. フライパンにAを入れて火にかけ、香りが立つまでいためる。
2. ①になすとアンチョビを加え、なすに軽く焦げ目がつくくらいまでいためる。
3. ②に「基本のトマトソース」とゆで上がったパスタをゆで汁大さじ2とともに加えてまぜ、器に盛る。粉チーズをかけ、イタリアンパセリを散らす。

ウスターソースで下味をつけたひき肉で、コクのある仕上がり

キャベツとひき肉のパスタ

下準備

●キャベツはざく切り、パセリはみじん切りにする。

材料（2人分）

スパゲッティ……160g
キャベツ……1/6個（約150g）
合びき肉……150g
A［にんにく（みじん切り）……大さじ1/2
　赤とうがらし（種を除き輪切り）……1/2本
　オリーブオイル……大さじ2］
ウスターソース……大さじ1
「基本のトマトソース」（P.10参照）……1/3量
パセリ……適量

作り方

① フライパンにAを入れて火にかけ、香りが立ったらひき肉とウスターソースを加え、パラパラになるまでいためる。

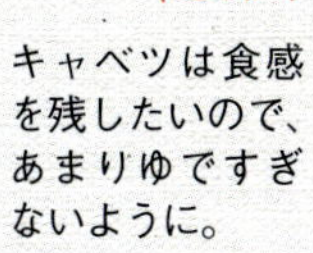

Point
キャベツは食感を残したいので、あまりゆですぎないように。

② パスタをゆでているなべでキャベツを1分程度ゆでたらざるにあげ水けをきり、①に加えてさらにいためる。

③ ②に「基本のトマトソース」とゆで上がったパスタをゆで汁大さじ2とともに加えてまぜ器に盛り、パセリを散らす。

ほろ苦い菜の花と、ベーコンのうまみがとけ合った絶品パスタ

菜の花とベーコン、えのきのパスタ

材料（２人分）

フェデリーニ……160ｇ
菜の花……６本
スライスベーコン……２～３枚
えのき……½袋
A ┌にんにく（みじん切り）……大さじ½
　│赤とうがらし（種を除き輪切り）……½本
　└オリーブオイル……大さじ２
「基本のトマトソース」（P.10参照）……⅓量
粉チーズ……適量

下準備

- ベーコンは1㎝幅に切る。
- えのきは根元を切ってほぐす。
- 菜の花はパスタをゆでているなべで20～30秒ほどゆで、水けをきる。

作り方

1. フライパンにAを入れて火にかけ、香りが立ったらベーコンとえのき、塩ひとつまみ（分量外）を加え、よくいためる。
2. 菜の花はざく切りにし（軸の部分は薄切り）、①に加えてさらにいためる。
3. ②に「基本のトマトソース」とゆで上がったパスタをゆで汁大さじ２とともに加えてまぜ器に盛り、粉チーズを振る。

ジューシーなかにかまで味もボリュームもワンランクアップ

アスパラとかにかまのパスタ

材料（2人分）

フェデリーニ……160g
アスパラガス……3本
かに風味かまぼこ……1パック(85g)
A にんにく(みじん切り)……大さじ½
　赤とうがらし(種を除き輪切り)……½本
　オリーブオイル……大さじ2
「基本のトマトソース」(P.10参照)……⅓量
バター……10g
パセリ……適量

下準備

- アスパラはかたい部分の皮をむいて薄切りにする。
- かにかまは食べやすくさく。
- パセリはみじん切りにする。

作り方

1. フライパンにAを入れて火にかけ、香りが立つまでいためる。
2. アスパラはパスタをゆでているなべで1〜2分ゆでて水けをきり、かにかま、パスタのゆで汁大さじ2とともに①に加え、いためる。
3. ②に「基本のトマトソース」とバターを加えてざっとまぜ、さらにゆで上がったパスタを加えまぜて器に盛り、パセリを散らす。

かくし味の砂糖としょうゆでひと味ちがうトマトソースに変身

ごぼうと鶏もも肉のパスタ

材料（2人分）

フェデリーニ……140g
ごぼう……½本
鶏もも肉……280g
A
- にんにく（みじん切り）……大さじ½
- 赤とうがらし（種を除き輪切り）……½本
- オリーブオイル……大さじ2

B
- 砂糖……小さじ½
- しょうゆ……小さじ1

「基本のトマトソース」（P.10参照）……⅓量
万能ねぎ……適量

下準備

- ごぼうは汚れをたわしなどで落としてささがきにし、水にさらす。
- 鶏肉は一口大に切る。
- 万能ねぎは小口切りにする。

作り方

1. フライパンにAを入れて火にかけ、香りが立ったら水けをきったごぼうと鶏肉、塩ひとつまみ（分量外）を加えていためる。
2. ①の鶏肉に火が通ったらBをまわしかけ、ざっとまぜる。
3. ②に「基本のトマトソース」とゆで上がったパスタをゆで汁大さじ2とともに加えてまぜ器に盛り、万能ねぎを散らす。

作り方

① フライパンにAを入れて火にかけ、香りが立ったら中火にしてウインナーを加えていためる。

② ①に玉ねぎとトマトソースを加え、ときどきまぜながら3～4分程度煮る。

③ ゆで上がったパスタに②をからめて器に盛り、粉チーズとイタリアンパセリを飾る。

大きめに切ったウインナーが食べごたえあり。男性も満足！

ウインナーとあめ色玉ねぎのパスタ

材料（2人分）

スパゲッティ……160ｇ
玉ねぎ……½個
ウインナー……5本
A ┌ にんにく（みじん切り）……大さじ½
　└ オリーブオイル……大さじ3
トマトソース（市販）……150mℓ
粉チーズ、イタリアンパセリ……好みで

下準備

- 玉ねぎはみじん切りにし、フライパンであめ色になるまでいため、とり出す。
- ウインナーは斜め切りにする。

旬の野菜をたくさん入れて、いろんな食感を楽しんで

野菜たっぷりナポリタン

材料（2人分）

スパゲッティ……160g
玉ねぎ……½個
トマト……2個
ピーマン……2個
スナップえんどう……6本
ウインナー……4本
A［にんにく（みじん切り）……大さじ½
　赤とうがらし（種を除き輪切り）……½本
　オリーブオイル……大さじ1
B［ケチャップ……大さじ3
　コーヒーミルク……大さじ1
粉チーズ、バジル……好みで

下準備

●玉ねぎは薄切り、トマトはざく切り、ピーマンはせん切り、ウインナーは斜め切りにする。
●スナップえんどうは筋とへたをとってさっとゆで（パスタといっしょにゆでるとよい）、大きければ斜め半分に切る。

作り方

1. フライパンにAを入れて火にかけ、香りが立つまでいためる。
2. ①のフライパンに玉ねぎを加えいため、しんなりしてきたらトマト、ピーマン、ウインナー、スナップえんどうを加えてさらにいためる。
3. ②にゆで上がったパスタをゆで汁大さじ2とともに加えてまぜ、Bで調味して器に盛る。粉チーズを振り、バジルを飾る。

Arrange

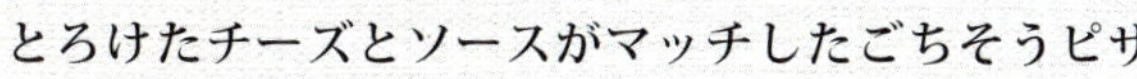

とろけたチーズとソースがマッチしたごちそうピザ

野菜のピザトースト

材料（2人分）

「野菜たっぷりナポリタン」の材料……各½量
※パスタ、スナップえんどうは除く
食パン（6枚切り）……2枚
とけるチーズ……2枚

作り方

1. 「野菜たっぷりナポリタン」の作り方①②と同様に作る。
2. 食パンに①、とけるチーズの順にのせ、あたためたトースターでチーズがとけて軽く焦げ目がつくまで焼く。

調味料の合わせワザで本格派のソースが実現！

クイック・ミートパスタ

材料（２人分）

スパゲッティ……160ｇ
玉ねぎ……1/6個
合びき肉……150ｇ

A
- にんにく（みじん切り）……大さじ1/2
- 赤とうがらし（種を除き輪切り）……1/2本
- オリーブオイル……大さじ２

B
- オイスターソース、ウスターソース……各大さじ１
- ケチャップ……大さじ２

水……1/2カップ
バター……10ｇ
粉チーズ……適量
パセリ……適量

下準備
- 玉ねぎは薄切り、パセリはみじん切りにする。
- Ｂをよくまぜる。

作り方

1. Ａを火にかけ、香りが出たら玉ねぎを加え、透き通るまでいためる。
2. ①にひき肉と塩ひとつまみ（分量外）を加えていため、さらにＢと水を加え、2/3量になるくらいまで煮詰める。
3. ②にバターとゆで上がったパスタを加えて器に盛る。粉チーズを振り、パセリを散らす。

Part 2

うまく作るコツは、ソースの
“水分量”にあり！

クリームベースのパスタ

パスタにからむ、とろりとしたソース。そして食べたあとの満足感がたまらないクリームパスタですが、『うまく作れない』という人も多いですよね。ソースだけだといい感じなのに、パスタと合わせると固まって、ボソボソした食感になってしまう……。その原因は、ソースの水分量不足。解決法は、パスタをあえる前に、パスタのゆで汁を多めに加えること。そうすると口あたりのいい、なめらかなソースができあがります。

Tororito Shita
So-suga Umai!

一度食べたらやみつきになる、極上クリームソース

ベーコンと玉ねぎのクリームパスタ

材料（２人分）

スパゲッティ……160ｇ
スライスベーコン……４枚
玉ねぎ……¼個
A［にんにく（みじん切り）……小さじ¼
　バター……５ｇ
B［生クリーム……½カップ
　コンソメ（固形）……½個
塩、こしょう……各少々
粉チーズ……大さじ２
パルミジャーノチーズ……好みで

下準備

- ベーコンは 1.5㎝幅に切る。
- 玉ねぎは薄切りにする。

作り方

1. フライパンにＡを入れて火にかけ、香りが立ったらベーコンと玉ねぎを加えていためる。
2. 玉ねぎが透き通ってきたら①にＢとパスタのゆで汁大さじ２を加え、ひと煮たちさせる。
3. ゆで上がったパスタを②に加えてからめ、塩、こしょうで調味し、粉チーズを加える。器に盛り、パルミジャーノチーズのスライスを散らす。

★このメニューはP.113でご紹介しています。

バターを多めに使って明太子の生臭さをしっかりオフ

明太子とレタスのパスタ

材料（2人分）

スパゲッティ……160g
玉ねぎ……1/6個
明太子……2はら
レタス……中2枚
A［にんにく（みじん切り）……小さじ1/4
　 オリーブオイル……大さじ1
B［生クリーム……1/4カップ
　 コンソメ（固形）……1/2個
バター……20g

下準備

- 玉ねぎは薄切り、レタスはせん切りにする。
- 明太子はスプーンなどで薄皮からしごき出す。

作り方

1. フライパンにAを入れて火にかけ、香りが立ったら玉ねぎを加えてかるく焦げ目がつくまでいためる。
2. ①にBとパスタのゆで汁大さじ2を加え、ひと煮たちさせたらバターを加えてひとまぜする。
3. ゆで上がったパスタと明太子（トッピング用に少量よけておく）を②に加えてからめる。器に盛り、レタスとよけておいた明太子をのせる。

魚介のうまみがとけ出したソースをパスタに吸わせて

シーフードミックスパスタ

材料（２人分）

スパゲッティ……160ｇ
玉ねぎ……1/6個
シーフードミックス……160ｇ
小松菜……１束
A［にんにく（みじん切り）……小さじ1/4
　オリーブオイル……大さじ１
白ワイン（あれば）……大さじ２
B［生クリーム……30mℓ
　コンソメ（固形）……1/2個
バター……10ｇ
オリーブオイル……大さじ１
パセリ……適量

下準備

● 玉ねぎは薄切り、小松菜はざく切り、パセリはみじん切りにする。

作り方

1. フライパンにＡを入れて火にかけ、香りが立ったら玉ねぎと塩少々（分量外）を加えていためる。さらにシーフードミックスと白ワインを加え、アルコールをとばす。
2. ①に小松菜を加えていためる。さらにＢとパスタのゆで汁大さじ２を加え、ひと煮たちさせる。
3. ゆで上がったパスタとバターを②に加えてからめる。仕上げにオリーブオイルを回しかけて器に盛り、パセリを散らす。

野菜は細く切って、しゃきしゃきの食感を少し残します

ハムとじゃがいも、ごぼうのパスタ

材料（2人分）

スパゲッティ……140g
ハム……4枚
じゃがいも……中1個
ごぼう……¼本
スナップえんどう……4本
オリーブオイル……適量
A［生クリーム……½カップ
　 コンソメ(固形)……½個
バター……5g
粉チーズ……大さじ2
黒こしょう……適量

下準備

- ハムは細切り、じゃがいもは皮をむいて細切りにする。
- ごぼうは包丁の背で薄く皮をこそげ落としてせん切りにし、水にさらしアク抜きする。
- スナップえんどうは筋とへたを除いてさっとゆで(パスタといっしょにゆでるとよい)、斜め半分に切る。

作り方

1. フライパンにオリーブオイルを入れて火にかけ、ハムと野菜をいためる。
2. ①にAとパスタのゆで汁大さじ4を加えてひと煮たちさせ、バターを加えてひとまぜする。
3. ゆで上がったパスタを②に加えてからめ器に盛り、粉チーズと黒こしょうを振る。

作り方

① フライパンにオリーブオイルを入れて火にかけ、むきえびとアスパラを加えていためながら塩、こしょうで下味をつける。

② ①にAを加え、ひと煮たちさせる。

③ ゆで上がったパスタを②に加えてざっとまぜ、器に盛る。粉チーズを振り、イタリアンパセリを飾る。

リッチでマイルドな味わいは、おもてなしにもぴったり

えびとアスパラのトマトクリームパスタ

材料（2人分）

スパゲッティ……140g
むきえび……8尾
アスパラガス……4本
オリーブオイル……大さじ1.5
塩、こしょう……各適量
A［トマトソース（市販）……80mℓ
　生クリーム……50mℓ
粉チーズ……大さじ½
イタリアンパセリ……好みで

下準備
● アスパラはかたい部分の皮をむき、斜め切りにする。

★このメニューはP.103でご紹介しています。

さらっとしたスープと細めのパスタでするする食べられる

キャベツのクリームスープパスタ

材料（2人分）

カッペリーニ……120g
キャベツ……¼個
長ねぎ……1本
ハム……4枚
A ┌にんにく（みじん切り）……小さじ½
　└オリーブオイル……大さじ1
B ┌生クリーム……1カップ
　│コンソメ（固形）……½個
　└水……½カップ
バター……10g
パルミジャーノチーズ……適量
黒こしょう……適量

下準備

- キャベツはざく切り、長ねぎは斜め薄切りにする。
- ハムは2㎝幅に切る。

作り方

1. フライパンにAを入れて火にかけ、香りが立ったらキャベツ、長ねぎ、ハムを加えてしんなりするまでいためる。
2. ①にBを加え、5分程度煮込む。
3. ゆで上がったパスタを②に加えてからめ、すぐにバターとパルミジャーノチーズのスライスを加えたらひとまぜして器に盛り、黒こしょうを振る。

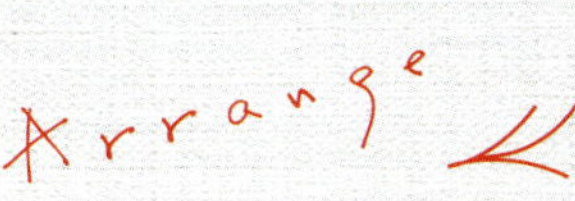

おにぎりの香ばしさがいいアクセント！

焼きおにぎりのスープがけ

材料（2人分）

「キャベツのクリームスープパスタ」の材料……½量
※パスタ、バター、パルミジャーノチーズ、黒こしょうは除く
あたたかいごはん……160g
A ┌粉チーズ……大さじ2
　│スライスベーコン（みじん切り）……1枚
　└生クリーム……大さじ1.5
芽ねぎ……好みで

作り方

1. ごはんにAをまぜこみ、おにぎりを作る。フライパンを中火であたためてから弱火にし、両面に焼き色がつくまでじっくり焼く。
2. 「キャベツのクリームスープパスタ」の作り方①②と同様に作る。
3. 器に①を入れ、②をかける。芽ねぎを飾る。

マスタードと生の玉ねぎが味をピリッとひきしめます

ツナのマヨマスタードクリームパスタ

材料（２人分）

スパゲッティーニ……160ｇ
ツナ(缶詰)……２缶(160ｇ)
玉ねぎ……¼個
A ┌マヨネーズ……大さじ３
　│生クリーム……大さじ２
　└粒マスタード……小さじ１
黒こしょう……適量
芽ねぎ……好みで

下準備

● 玉ねぎは薄切りにし、水にさらす。

作り方

1. ボウルにAを入れてよくまぜ合わせる。
2. ①に油をきったツナ、水けをきった玉ねぎを入れてよくまぜ合わせる。
3. ゆで上がったパスタを②に入れてからめ、器に盛る。黒こしょうを振り、芽ねぎを飾る。

マヨネーズの酸味とめんつゆがきいたさっぱり仕立て

しらすのマヨクリームパスタ

材料（2人分）

スパゲッティーニ……160g
しらす……大さじ3
玉ねぎ……1/6個
A
- マヨネーズ……大さじ3
- 生クリーム……大さじ1.5
- めんつゆ（ストレート）……大さじ1
- オリーブオイル……大さじ1

オリーブオイル（仕上げ用）……適量
水菜……好みで

下準備

● 玉ねぎはみじん切りにし、水にさらす。

作り方

1. ボウルにAを入れ、よくまぜ合わせる。
2. ①にしらすと玉ねぎを加え、よくまぜ合わせる。
3. ゆで上がったパスタを②に加えてからめる。オリーブオイル（仕上げ用）をまわしかけ器に盛り、水菜を飾る。

卵黄は余熱で火を通すのがなめらかに仕上がるポイント

アスパラ入りカルボナーラ

材料（2人分）

スパゲッティ……160ｇ
玉ねぎ……⅙個
スライスベーコン……2枚
アスパラガス……2～3本

A
- にんにく（みじん切り）……小さじ¼
- 赤とうがらし（種を除き輪切り）……好みで
- オリーブオイル……大さじ1

B
- 生クリーム……½カップ
- コンソメ（固形）……½個
- バター……5ｇ

卵黄……2個分
粉チーズ……大さじ2
粉チーズ、黒こしょう……好みで

下準備

- 玉ねぎは薄切りに、ベーコンは1cm幅に切る。
- アスパラは硬い部分の皮をむいて斜め薄切りにし、さっと下ゆでする（パスタといっしょにゆでるとよい）。

作り方

① フライパンにAを入れて火にかけ、香りが立ったら玉ねぎとベーコン、アスパラ、塩少々（分量外）を加えこんがりするまでいためる。

② ①にBとパスタのゆで汁大さじ4を加え、かるく煮詰める。

③ ゆで上がったパスタと粉チーズを②に加えてざっとまぜたらフライパンを火からはずす。卵黄を加えてよくからめ、器に盛る。粉チーズと黒こしょうを振る。

こってり濃厚なソースにごまの風味がふんわり広がります

ごまだれ風味のカルボナーラ

材料（2人分）

スパゲッティ……160g
玉ねぎ……1/6個
スライスベーコン……2枚
A［にんにく（みじん切り）……小さじ1/4
　赤とうがらし（種を除き輪切り）……好みで
　オリーブオイル……大さじ1］
生クリーム……1/2カップ
ごまだれ（しゃぶしゃぶ用）……大さじ3
卵黄……2個分
粉チーズ……大さじ2
黒こしょう……適量
粉チーズ、きざみパセリ……好みで

下準備
● 玉ねぎは薄切りに、ベーコンは1cm幅に切る。

作り方

1. フライパンにAを入れて火にかけ、香りが立ったら玉ねぎとベーコンを加えこんがりするまでいためる。
2. ①に生クリームとパスタのゆで汁大さじ2、ごまだれを加えて、かるく煮詰める。
3. ゆで上がったパスタと粉チーズを②に加えてざっとまぜたらフライパンを火からはずす。卵黄を加えてよくからめ、器に盛る。粉チーズと黒こしょうを振り、パセリをのせる。

盛りつけについて

上手にパスタが作れたなら、
盛りつけにも少しこだわってほしいな、と思います。
器いっぱいにパスタを広げてしまうとのっぺり見えてしまい、
せっかくのおいしさも半減。
とはいえ、難しいテクニックは必要ありません。
ポイントは、"高さ"を出すこと。
これだけでレストランで食べるときのような仕上がりに。
よりおいしそうに見えるでしょ？

トングでこんもりと

フライパンからそのまま移すのではなく、トングでパスタをつまんだらくるりと回転させて巻きつけるように。そうするとふんわりとした高さが出ます。その上からソースと具材をのせて。

OK!

NG!

トップに表情をつけて

右の２つ、同じパスタなのですが、ハーブをのせるだけでおいしそうに見えませんか？
華やかな見た目にしたいときはねぎやチーズなど、トッピングを上手に活用して。おもてなしにも使えるテクニックです。

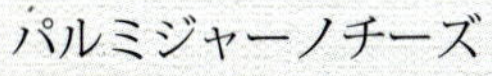

芽ねぎ

ゆず

Part 3

お手軽だからとあなどるなかれ。
キーワードは“乳化”。

オイルベースのパスタ

オイルパスタは、あり合わせの具材をいためればできるのでとってもカンタン。おいしく作るには、パスタのゆで汁を加えたら、よくまぜること。まぜているうちにとろりとなめらかなソースになります。これが“乳化”。こうすることで、パスタによくからみます。ただ、ゆで汁の塩けが加わることで、塩辛く感じることもあるので、その場合はお湯で調節を。また、水分が飛ばないよう、必要に応じて火からはずすこと。

Sukina Guzaiwo Itamete
Dekiagari

シンプルなペペロンチーノにルッコラの風味が引き立つ

ルッコラのペペロンチーノ

材料（２人分）

スパゲッティ……160ｇ
ルッコラ……½束
A
- にんにく（みじん切り）……大さじ１
- 赤とうがらし（種を除き輪切り）……½本
- オリーブオイル……大さじ２

塩、こしょう……各少々

下準備

● ルッコラは軸と葉を切り分け、それぞれざく切りにする。

作り方

① フライパンにＡを入れて火にかけ、香りが立つまでいためる。

② ①にルッコラの軸部分を入れ、さっといためたらいったんフライパンを火からはずし、パスタのゆで汁大さじ２を加える。

③ ゆで上がったパスタを②に加えまぜ、塩、こしょうで調味する。器に盛り、ルッコラの葉を飾る。

生ハムの塩けがあるので味つけは薄めに、がポイント

たけのこと生ハムのパスタ

下準備

- たけのこは食べやすく切り、しょうがはせん切りにする。
- きぬさやは筋を除き、軽く下ゆでする(パスタといっしょにゆでるとよい)。

材料(2人分)

フェデリーニ……160g
たけのこ(水煮)……1パック(110g)
きぬさや……14～15枚
生ハム……6枚
A ┌ にんにく(みじん切り)……大さじ1
　 │ 赤とうがらし(種を除き輪切り)……½本
　 └ オリーブオイル……大さじ2
塩、こしょう……各少々
しょうが……適量

作り方

① フライパンにAを入れて火にかける。

② 香りが立ったら①にたけのこときぬさや、塩少々(分量外)を加え、さらにいためる。

③ ゆで上がったパスタを②に加えまぜ、塩、こしょうで調味する。器に盛り、しょうがを散らし、生ハムをのせる。

★このメニューはP.105でご紹介しています。

ほんのり感じる梅が、食欲をアップさせる効果あり！

きのこの梅ペペロンチーノ

材料（2人分）

スパゲッティ……160g
エリンギ……2本
しめじ……1パック
A ┌にんにく（みじん切り）……小さじ½
　│赤とうがらし（種を除き輪切り）……¼本
　└オリーブオイル……大さじ1
B ┌練り梅……大さじ1
　└砂糖……小さじ1
芽ねぎ……好みで
オリーブオイル（仕上げ用）……大さじ½

作り方

1. フライパンにAを入れて火にかけ、香りが立ったらきのこ類を加えていためる。
2. ①に火が通ったらBとパスタのゆで汁大さじ3を加えてときのばす。
3. ゆで上がったパスタを②に加えまぜ、オリーブオイル（仕上げ用）をまわしかけざっとまぜたら器に盛り、芽ねぎを散らす。

下準備

●エリンギは手で食べやすくさく。
●しめじは石づきを切り落とし、1本ずつほぐす。

Arrange

ボリュームたっぷりなのにヘルシーな1品

厚揚げのきのこソースがけ

材料（2人分）

「きのこの梅ペペロンチーノ」の材料……½量
※パスタは除く
厚揚げ……1枚
オリーブオイル……大さじ½
花穂じそ……好みで

作り方

1. 「きのこの梅ペペロンチーノ」の作り方①と同様に作る。きのこ類に火が通ったら、水大さじ3を加えてときのばし、塩少々（分量外）で調味する。
2. フライパンにオリーブオイルを熱し、一口大に切った厚揚げをソテーする。
3. ②を器に盛り、①をかける。花穂じそを飾る。

Point

にんにくとオリーブオイルが野菜のおいしさを引き立てます。

みんなが喜ぶ最強コンビはとうがらしをきかせてピリ辛に

じゃがいもとベーコンのペペロンチーノ

材料（2人分）

スパゲッティ……140g
じゃがいも……1個
スライスベーコン……3枚
A ┌にんにく（みじん切り）……大さじ½
　│赤とうがらし（種を除き輪切り）……½本
　└オリーブオイル……大さじ4
ベビーリーフ……適量

下準備
- じゃがいもは皮をむいてせん切りにする。
- ベーコンは1cm幅に切る。

作り方

1. フライパンにオリーブオイル大さじ½（分量外）を薄く引いて熱し、じゃがいもをいため、透き通ってきたらとり出す。
2. 同じフライパンにAを入れて火にかけ、香りが立ったらベーコンを加えていためる。①のじゃがいもを加えひとまぜし、パスタのゆで汁大さじ2を加える。
3. ゆで上がったパスタを②に加えてからめ、器に盛る。ベビーリーフを散らす。

カリカリのパン粉がごちそう感アップ。見た目も豪華です

キャベツとアンチョビのパスタ

材料（2人分）

スパゲッティ……140g
キャベツ（ざく切り）……⅛個
アンチョビフィレ……1枚
A ┌にんにく（みじん切り）……大さじ½
　└オリーブオイル……大さじ4
パセリ……適量
イタリアンパセリ……適量
パン粉……大さじ4

下準備
- キャベツはざく切り、パセリはみじん切りにする。
- パン粉はフライパンでからいりしておく。

作り方

1. フライパンにAを入れて火にかけ、香りが立ったらアンチョビを加えてほぐしながら軽くいためる。
2. ①にパセリとパスタのゆで汁大さじ2を加える。
3. パスタがゆで上がる30秒前にキャベツを加えて一緒にゆでる。ざるにあげて水けをきり、②に加えてからめる。器に盛り、ちぎったイタリアンパセリとパン粉を散らす。

あさりのだしを野菜とパスタにたっぷり吸収させて

彩りあざやかパスタ

Point

あさりは加熱しすぎないように。身が縮んでしまいます。

材料（2人分）

スパゲッティ……160g
あさり……100g
アスパラガス……4本
ミニトマト……5個
A にんにく（みじん切り）……大さじ½
　赤唐辛子（種を除き輪切り）……½本
　オリーブオイル……大さじ2
白ワイン……少々
バジル……適量

下準備

- あさりは殻をこすり合わせるようにして洗い、海水程度の塩水で砂出しをする。
- アスパラは一口大に切る。ミニトマトは半分に切る。

作り方

1. フライパンにAを入れて火にかける。
2. 香りが立ったらあさり、アスパラ、ミニトマト、白ワインを加え、ふたをする。
3. ②のあさりの殻が開いたら、ゆで上がったパスタを加えてからめ器に盛る。バジルを散らす。

Part 1
Part 2
Part 3
Part 4
Part 5
Part 6

Part 4

たまにはちょっぴり変化球で、
意外なおいしさ発見！

和風味＆個性派パスタ

とにかくいろんなアレンジがきくのが、パスタの奥深いところ。日本ならではの食材や味つけを使うのも、例外ではありません。ここでは、「これをパスタに合わせちゃうの？」と一見、みなさんがびっくりするようなレシピをお届けします。パスタのレパートリーを広げるには“イタリアン”というジャンルにとらわれないことが大事。だから、だまされたと思って作ってみて。きっと、新しいおいしさに出合えるはずです。

Wafuumo Kawaridanemo Omakase

甘辛味の豚肉としょうがの風味でもりもり食べられる

ポークジンジャーパスタ

材料（2人分）

フェデリーニ……160g
豚薄切り肉……160g
玉ねぎ……⅔個
しょうが……1かけ
A
- にんにく（みじん切り）……大さじ½
- 赤とうがらし（種を除き輪切り）……¼本
- オリーブオイル……大さじ1

塩、こしょう……各適量
B
- 鶏がらスープのもと（顆粒）……小さじ1
- 砂糖……大さじ½
- しょうゆ……大さじ1
- 水……大さじ1.5

バター……5g
万能ねぎ……適量

下準備

●玉ねぎは薄切り、しょうがはせん切り、万能ねぎは小口切りにする。

作り方

1. フライパンにAを入れて火にかけ、香りが立ったら豚肉、玉ねぎ、しょうがの順に加えていため、塩、こしょうをする。
2. ①の豚肉の色が変わってきたら、Bを加えてよくまぜ味をなじませる。
3. ゆで上がったパスタとバターを②に加えひとまぜし、器に盛る。万能ねぎを散らす。

ルーは固めに作ったほうが食べやすい

カレーポケットサンド

材料（2人分）

「ポークジンジャーパスタ」の材料……各½量
※パスタ、バター、万能ねぎは除く
A
- カレールー（市販）……1かけ（20g）
- ケチャップ……大さじ1
- 水……¼カップ

食パン（4枚切り）……2枚

作り方

1. 食パンは半分に切り、厚みの部分に包丁などで切り込みを入れ、ポケット状にする。
2. 「ポークジンジャーパスタ」の作り方①②と同様に作る。
3. ②にAを加えてときのばしたものを①のポケット部分に入れ、器に盛る。

Part 1
Part 2
Part 3
Part 4
Part 5
Part 6

★このメニューはP.107でご紹介しています。

味つけは焼き鮭の塩けとかぶの甘みだけ。だからカンタン

鮭とかぶのゆず風味パスタ

材料（２人分）

スパゲッティ……160ｇ
焼き鮭……１切れ
かぶ……１個
A
- にんにく（みじん切り）……大さじ½
- 赤とうがらし（種を除き輪切り）……¼本
- オリーブオイル……大さじ１

ゆずの皮……適量

下準備

- 焼き鮭は骨と皮を除き、軽くほぐす。
- かぶは葉を落とし、皮をむいてせん切りにする。ゆずの皮もせん切りにする。

作り方

1. フライパンにAを入れて火にかける。
2. 香りが立ったら①に鮭とパスタのゆで汁大さじ２を加え、いためる。
3. ゆで上がったパスタとかぶを②に加え、ざっとまぜる。味をみて足りなければ塩、こしょう各少々（ともに分量外）で味をととのえる。器に盛り、ゆずの皮をのせる。

体がほっとする、やさしい味わい

鮭とかぶのリゾット

材料（２人分）

焼き鮭……１切れ
かぶ……１個
かぶの茎・葉……各適量
ごはん……160ｇ
A
- にんにく（みじん切り）……大さじ¼
- オリーブオイル……大さじ½

バター……５ｇ

下準備

- 鮭はパスタ同様下処理をする。
- かぶはせん切り、かぶの茎と葉はみじん切りにする。

作り方

1. フライパンにAを入れて火にかけ、香りが立ったら鮭とかぶ、お湯¼カップ（分量外）、ごはんを加え、２分～２分半程度煮る。
2. ①の汁けがなくなってきたら、バターを加えてざっとまぜる。器に盛り、かぶの茎と葉を散らす。

めんつゆでマリネしたトロトロのなすが後をひくおいしさ

焼きなすとしょうがのパスタ

材料（2人分）

スパゲッティーニ……160g
なす……4本
しょうが……20g
めんつゆ(濃縮2倍)……20mℓ
A ┌にんにく(みじん切り)……小さじ1
　│赤とうがらし(種を除き輪切り)……½本
　└オリーブオイル……大さじ2
イタリアンパセリ……好みで

下準備

- 焼きなすを作る。なすはへたの周囲に切り目を入れ、強火で熱した焼き網の上で回しながら芯がなくなるまで焼き、水にとってすばやく皮をむいたら、一口大に切る。
- しょうがはせん切りにする。

作り方

① 焼きなす、しょうが(トッピング用に少量よけておく)、めんつゆをボウルに合わせる。

② フライパンにAを入れて火にかけ、香りが立ったらいったんフライパンを火からはずし、パスタのゆで汁大さじ2を加える。

③ 再び②を火にかけ、ゆで上がったパスタと①を加えてまぜ、器に盛る。よけておいたしょうがとイタリアンパセリを散らす。

余熱で火を通したなめたけがあったかパスタと相性◎

なめたけと水菜のパスタ

材料（2人分）

フェデリーニ……160g
なめたけ……40g
水菜……½束
A ┌にんにく(みじん切り)……大さじ1
　│赤とうがらし(種を除き輪切り)……½本
　└オリーブオイル……大さじ2

下準備

● 水菜は軸と葉に切り分ける。

作り方

1. フライパンにAを入れて火にかける。
2. 香りが立ったらいったんフライパンを火からはずし、パスタのゆで汁大さじ2を加える。
3. 再び②を火にかけ、なめたけと水菜の軸、ゆで上がったパスタを加えて全体をまぜる。器に盛り、水菜の葉を飾る。

めんつゆ＋オリーブオイルが上品な味に仕上げます

菜の花とたけのこのパスタ

下準備

- 菜の花は根元を少し切り落とし、3等分する。
- たけのこは5㎜幅の薄切り、水菜は食べやすく切る。

材料（2人分）

カッペリーニ……140g
菜の花……6本
たけのこ(ゆで)……½個
A ┌にんにく(みじん切り)……小さじ½
　 └オリーブオイル……大さじ1
めんつゆ(濃縮2倍)……大さじ1
オリーブオイル……大さじ1.5
水菜……適量

作り方

1. フライパンにAを入れて火にかけ、香りが立ったらたけのこと菜の花、めんつゆとパスタのゆで汁大さじ1を加える。
2. ゆで上がったパスタを①に加え、オリーブオイルを加えてひとまぜする。
3. ②を器に盛り、水菜を散らす。

くたくたのブロッコリーがじゃこのうまみをとじこめる

ブロッコリーとじゃこのラグー風

下準備

● ブロッコリーは根元を切り落として適当な大きさに切り、パスタをゆでているなべで下ゆでする。

材料（2人分）

カッペリーニ……140g
ブロッコリー……½株
アンチョビフィレ……½本
A ［にんにく（みじん切り）……大さじ½
　 オリーブオイル……大さじ3
じゃこ……大さじ4

作り方

1. フライパンにAを入れて火にかけ、香りが立ったらブロッコリーとアンチョビを加え、よくいためる。
2. ①にパスタのゆで汁大さじ3を加え、ブロッコリーをつぶしながら煮る。
3. ゆで上がったパスタを②にからめて器に盛り、じゃこをのせる。

このメニューはP.104でご紹介しています。

ごぼうで風味と食感がアップ。バターでコクもプラスして

ごぼうのミートソースパスタ

材料（２人分）

スパゲッティ……160ｇ
ミートソース（缶詰）……１缶（295ｇ）
ごぼう……½本
グリンピース（缶詰）……50ｇ
A
- にんにく（みじん切り）……小さじ½
- 赤とうがらし（種を除き輪切り）……¼本
- オリーブオイル……大さじ１

B
- バター……５ｇ
- しょうゆ、砂糖……各小さじ½

粉チーズ……適量
パルミジャーノチーズ、イタリアンパセリ……好みで

下準備

●ごぼうは包丁の背で薄く皮をこそげ落としてからささがきにし、酢水にさらしてアク抜きする。

作り方

1. フライパンにAを入れて火にかけ、香りが立ったらごぼうを加え、よくいためる。
2. ①にミートソースを加えてまぜ、すぐBを加えて２～３分煮る。
3. ゆで上がったパスタとグリンピースを②に加えからめる。粉チーズを加えてざっとまぜ、器に盛る。パルミジャーノチーズのスライスとイタリアンパセリを散らす。

Arrange

甘めのソースがなすにからんで箸が進む

マーボー風なすいため

材料（２人分）

「ごぼうのミートソースパスタ」の材料……⅛量
※パスタ、グリンピース、パルミジャーノチーズ、イタリアンパセリを除く
なす……３本
わけぎ……１本
オリーブオイル……大さじ１

下準備

●なすは乱切り、わけぎは小口切りにする。

作り方

1. 「ごぼうのミートソースパスタ」の作り方①②と同様に作る。
2. 別のフライパンにオリーブオイルを熱し、なすをいためる。しんなりしてきたら①を加えてさらに１～２分程度いためる。
3. 器に盛り、わけぎを散らす。

きのことバターしょうゆのいい香りがただよいます

豚ひき肉ときのこ、いんげんのパスタ

材料（2人分）

スパゲッティ……160g
豚ひき肉……100g
いんげん……10本
しめじ、えのき……各½パック
エリンギ……1本
A ┌にんにく（みじん切り）……大さじ½
　├赤とうがらし（種を除き輪切り）……¼本
　└オリーブオイル……大さじ1
B ┌塩、こしょう……各少々
　└しょうゆ……大さじ1
バター……5g
イタリアンパセリ、ピンクペッパー……好みで

下準備

- いんげんは斜めに切る。
- しめじは根元を少し切り落とし、小房に分ける。えのきはほぐす。エリンギは手でさく。

作り方

1. Aをフライパンに入れて火にかけ、香りが立ったらひき肉といんげんを加えていためる。
2. ①のひき肉がパラパラになったらきのこ類を加え、さらにいためる。
3. ゆで上がったパスタを②に加え、Bとバターを加えてひとまぜする。器に盛り、イタリアンパセリ、ピンクペッパーを振る。

しょうがととうがらしがきいた大人味はお酒にもぴったり

かまぼこのピリッとパスタ

材料（2人分）

スパゲッティ……160g
かまぼこ……½本
キャベツ……2枚
A ┌めんつゆ（ストレート）……大さじ2
　 └しょうが（みじん切り）……小さじ1
オリーブオイル……大さじ1.5
一味とうがらし……適量
ねぎ……適量

下準備

● かまぼことキャベツはせん切りにする。ねぎは小口切りにする。

作り方

1. 耐熱ボウルにAを入れ、ラップをかけて電子レンジで1分程度加熱する。
2. ①にゆで上がったパスタとオリーブオイルを加えてよくまぜ、さらにかまぼことキャベツも加えてまぜる。
3. 器に盛り、一味とうがらしとねぎを散らす。

北海道名物の“じゃがいも塩辛”をパスタにドッキング

じゃがバタ塩辛パスタ

材料（２人分）

スパゲッティ……160ｇ
じゃがいも……1.5個
A ┌鶏がらスープのもと（顆粒）……小さじ½
　└水……大さじ５
塩辛……大さじ２
バター……10ｇ
オリーブオイル……大さじ１
芽ねぎ……好みで

下準備

● じゃがいもは皮をむいてせん切りにする。

作り方

① じゃがいも、Aを耐熱ボウルに入れてよくまぜ、ラップをふんわりとかけて電子レンジで３～４分程度加熱する。

② ①に塩辛とバターを加え、よくまぜる。

③ ゆで上がったパスタとオリーブオイルを加えてからめ、器に盛る。芽ねぎを飾る。

電子レンジでOK!

素材のうまみがぎゅっと凝縮。体もあたたまります

豚肉とあさりの煮込みパスタ

材料（2人分）

フェットチーネ……140g
豚バラ薄切り肉……100g
あさり……150g
A ［にんにく（みじん切り）……大さじ½
赤とうがらし（種を除き輪切り）……¼本
オリーブオイル……大さじ1］
B ［水……½カップ
鶏がらスープのもと（顆粒）……小さじ¼］
にら……½束
みそ……小さじ½
水菜……適量

下準備

- 豚肉は食べやすい大きさに切る。
- あさりは殻をこすり合わせるようにして洗い、海水程度の塩水で砂出しをする。
- にらは5cm長さに切る。

作り方

1. フライパンにAを入れて火にかけ、香りが立ったら豚肉、あさり、Bを入れていためる。
2. ①のあさりの殻が開いたら、にらの⅔量とみそを加え、3分ほど煮込む。
3. ②に袋の表示より2分短くゆでたパスタを加え、さらに3分煮込む。仕上げににらの残りと水菜を散らす。

Arrange

冷蔵庫にある余り野菜をなんでも投入してOK！

野菜いっぱいみそスープ

材料（2人分）

「豚肉とあさりの煮込みパスタ」の材料……½量
※パスタ、みそ、水菜を除く
白菜……1～2枚
キャベツ……2～3枚
ウインナー……2本
A ［水……1.5カップ
みそ……大さじ½］
ごま油、塩、こしょう……各適量
イタリアンパセリ……好みで

下準備

- 白菜、キャベツはざく切りにする。
- ウインナーは斜め切りにする。

作り方

1. 「豚肉とあさりの煮込みパスタ」の作り方①②と同様に作る（②のときに、白菜、キャベツ、ウインナー、Aを加える）。
2. ①を5分ほど煮込む。
3. 仕上げに残りのにらとごま油を加え、塩、こしょうで味をととのえる。イタリアンパセリを散らす。

マヨネーズでコクが出るのであっさりした具を合わせます

鶏ささ身とブロッコリーのマヨパスタ

材料（2人分）

フェデリーニ……160g
鶏ささ身……3本
ブロッコリー……½株
A［マヨネーズ……大さじ3
　 めんつゆ（ストレート）……大さじ1.5
芽ねぎ……好みで

下準備

・ブロッコリーは根元を切り落とし、小房に分ける。

作り方

① フライパンにお湯を沸騰させ、ブロッコリーをゆでる。

② 1分たったら①に鶏ささ身を加えて一緒にゆでる。火が通ったらお湯を捨てて再びフライパンを火にかけ、ささ身をほぐす。

③ ゆで上がったパスタとパスタのゆで汁大さじ2を②に加え、Aで調味する。器に盛り、芽ねぎを散らす。

くだいたピーナッツがいいアクセントに！

マヨナムル

材料（2人分）

鶏ささ身……2本
ブロッコリー……½株
もやし……½袋
A［マヨネーズ……大さじ1
　 めんつゆ（ストレート）……大さじ1
　 ごま油……大さじ1
ピーナッツ……適量

下準備

・ブロッコリーは根元を切り落とし、小房に分ける。
・ピーナッツはくだく。

作り方

① 「鶏ささ身とブロッコリーのマヨパスタ」の作り方①②と同様に作る（ささ身をゆでるときに、もやしも一緒に入れる）。

② ①をざるにあげて水けをきり、Aで調味する。器に盛り、ピーナッツを散らす。

パンチのきいたカレー味。たっぷり野菜で元気をチャージ

カレー風味の野菜パスタ

下準備

- 玉ねぎは薄切り、にんじんは3㎜厚さの短冊切り、スナップえんどうは2等分し、下ゆでする(パスタをゆでているなべでゆでるとよい)。
- ベーコンは1㎝幅に切る。

材料(2人分)

スパゲッティ……140g
玉ねぎ……¼個
にんじん……¼個
スナップえんどう……6本
スライスベーコン……1枚
A にんにく(みじん切り)……小さじ½
　オリーブオイル……適量
B 鶏がらスープのもと(顆粒)……小さじ1
　水……¼カップ
カレールー(市販)……½かけ
粉チーズ、黒こしょう、イタリアンパセリ……各適量

作り方

1. フライパンにAを入れて火にかけ、香りが立ったら野菜類とベーコンを入れていためる。
2. ①にBを加えてひと煮たちさせ、カレールーを加える。味をみて足りないようだったら、塩、こしょう(各分量外)で味をととのえる。
3. ゆで上がったパスタを②にからめ、器に盛る。粉チーズと黒こしょう、イタリアンパセリを振る。

電子レンジでOK!

ごま油といりごま、ダブル使いで香ばしさアップ！

ツナときゅうりのパスタ

材料（2人分）

スパゲッティ……160g
ツナ(缶詰)……1缶(80g)
きゅうり……1本半
A［鶏がらスープのもと(顆粒)……小さじ1
　 水……¼カップ
いり白ごま……適量
ごま油……大さじ1

下準備

- ツナは油をきる。
- きゅうりはピーラーで薄切りにする。

作り方

1. 耐熱ボウルにツナ、Aを入れ、ラップをかけて電子レンジで30秒～1分程度加熱する。
2. ゆで上がったパスタを①に加えてからめる。仕上げにごま油と白ごまを加えてざっとまぜる。
3. ②を器に盛り、きゅうりをのせる。

Part 5

のどごしのいいさっぱりパスタは
暑い日のとっておき

ひんやり！ 冷たいパスタ

レストランだけでなく、おうちでもすっかり定番になった冷たいパスタ。夏になると出番もぐんと増えますよね。きりっと冷やしたパスタは、また格別のおいしさです。
作り方はあたたかいパスタと同じですが、注意するべきはゆで方。ゆで上がったパスタは氷水に入れるときゅっとしまるので、袋の表示時間より長めにゆでるといいでしょう。また、ぼやけた味にならないよう、水けはしっかりとってください。

Hin-yari Tsumetaku Shite Meshiagare

トマトの甘みにバルサミコ酢をきかせてさっぱりと

トマトとバジルのパスタ

材料（２人分）

カッペリーニ……120ｇ
ミディトマト……６個

A
- オリーブオイル……適量
- にんにく（みじん切り）……小さじ１
- 赤とうがらし（種を除き輪切り）……½本

B
- バルサミコ酢……大さじ１
- オリーブオイル……大さじ４
- はちみつ……小さじ２
- 塩、こしょう……各少々

バジル……好みで

下準備

● トマトはへたをとり、４等分する。

作り方

① フライパンにAを入れて火にかけ、香りが立ったらトマトを加えてさっといためる。

② ①をすぐボウルにとり、氷水にあてて冷ましたら、Bを加えてよくまぜる。

③ 袋の表示より２分長めにゆでて冷水でしめ、水けをとったパスタに②をからめて器に盛り、バジルを散らす。

冷たいパスタのゆで方

1. 塩を適量加えた熱湯で、袋の表示時間より２分程度多めにゆでる。
2. ゆで上がったらざるにあげ、すぐ氷水にとり、しめる。
3. キッチンペーパーなどで包み、しっかり水けをとる。

Part 1
Part 2
Part 3
Part 4
Part 5
Part 6

カラフルなパプリカに味をしっかりしみこませて

3色パプリカのコンソメパスタ

材料（2人分）

フェデリーニ……160g
パプリカ(赤・黄・緑)……各1個
玉ねぎ……小½個
ハム……2〜3枚
A［にんにく(みじん切り)……大さじ½
　オリーブオイル……大さじ2
B［水……2カップ
　コンソメ(顆粒)……大さじ1.5
塩、こしょう……各少々
イタリアンパセリ……好みで

下準備

- パプリカはピーラーで薄く皮をむき、種を除いて細切りにする。
- 玉ねぎは薄切りにする。
- ハムは細切りにする。

作り方

1. フライパンにAを入れて火にかける。
2. 香りが立ったら①に野菜とハムを加え、全体がしんなりするまでいためる。
3. ②にBを加えてひと煮立ちさせたら塩、こしょうで調味し、冷蔵庫で冷やす(＝パプリカソース)。袋の表示より2分長めにゆでて冷水でしめ、水けをとったパスタとあえて器に盛り、イタリアンパセリを散らす。

いつもの冷ややっこがレストラン風に変身

イタリアンやっこ

材料（2人分）

絹ごしどうふ……½丁
A［「パプリカソース」……大さじ3
　しょうゆ……少々
イタリアンパセリ……好みで

下準備

- とうふは軽く水けをきって4等分する。

作り方

1. とうふを器に盛り、Aをかけ、イタリアンパセリを散らす。

歯ざわりの違う３つの食材が味と食感にリズムをつける

オクラと納豆のサラダパスタ

材料（２人分）

スパゲッティ……160ｇ
オクラ……10本
納豆……２～３パック
A［にんにく（みじん切り）……大さじ½
　赤とうがらし（種を除き輪切り）……¼本
　オリーブオイル……大さじ１
B［めんつゆ（３倍濃縮）……大さじ２
　水……½カップ
白菜……３枚
C［オリーブオイル……大さじ½
　レモン汁……適量
塩こんぶ……大さじ１

下準備
- オクラは下ゆでして輪切りする。
- 白菜はせん切りにしてＣと塩こんぶであえる（＝Ｄ）。

作り方

1. フライパンにＡを入れて火にかけ、香りが立ったらＢを加えてひと煮たちさせ、冷ます。
2. ボウルにオクラと納豆を入れ、①を加えてよくまぜる。
3. 袋の表示より１分長めにゆでて冷水でしめ、水けをとったパスタを②に加えてまぜ、器に盛る。Ｄを飾る。

1
2

3

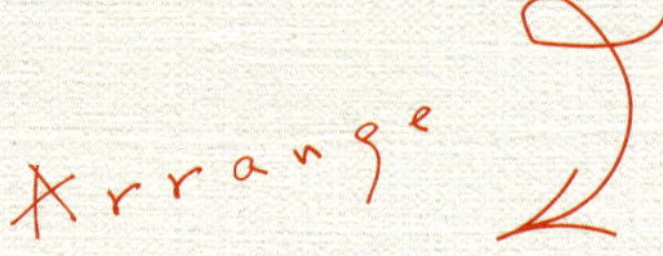

スタミナばつぐん！　よくまぜて食べて

ネバネバどんぶり

材料（２人分）

「オクラと納豆のサラダパスタ」の材料……各½量
※パスタ、白菜、Ｃ、塩こんぶは除く
あたたかいごはん……茶わん２杯分
削り節……適量
芽ねぎ……好みで

下準備
- オクラは下ゆでして輪切りする。

作り方

1. 「オクラと納豆のサラダパスタ」の作り方①②と同様に作る。
2. 器にごはんを盛り①をのせ、削り節と芽ねぎをのせる。まぜながらいただく。

★このメニューはP.112でご紹介しています。

冷やし中華みたいな甘酸っぱさがパスタに合います

トマトと豚しゃぶのパスタ

材料（２人分）

フェデリーニ……160ｇ
豚肉（しゃぶしゃぶ用）……120ｇ
ミディトマト……８個
A
- にんにく（みじん切り）……小さじ¼
- オリーブオイル……大さじ２

B
- しょうゆ……大さじ 1.5
- 米酢……大さじ１
- 砂糖……大さじ½
- 塩……少々

貝割れ菜……½パック

下準備

●貝割れ菜は根元を落とし、適当な長さに切る。

作り方

① フライパンにパスタをゆでるお湯を沸かし、パスタをゆでる前に豚肉をゆでる。色が変わったらあげ、冷ます。さらに同じお湯でトマトの湯むきをし、ざく切りにする。

② ボウルにA、Bを合わせ、①の豚肉とトマトも合わせてよくまぜる。

③ 袋の表示より２分長めにゆでて冷水でしめ、水けをとったパスタを②に加えてざっとまぜ、器に盛る。貝割れ菜を散らす。

Point
トマトは湯むきをすることで、味がしみこみやすく、食感もよくなります。

Point

食欲のない日は梅や明太子などパンチのきいた食材を具に入れると◎。

Part 1
Part 2
Part 3
Part 4
Part 5
Part 6

うまみが凝縮した蒸し汁をソースに使うのがおいしさの秘密

鶏肉と梅干しのさっぱりパスタ

材料（2人分）

スパゲッティ……160g
鶏もも肉……1枚
レタス……¼個
練り梅……小さじ½
A ┌にんにく（みじん切り）……小さじ1
　 └しょうが（みじん切り）……大さじ1
酒（または白ワイン）……大さじ1弱
オリーブオイル……大さじ1
梅干し……適量

下準備
- 鶏肉は厚みを均一にする。
- レタスはせん切りにする。

作り方

1. 鶏肉をフライパンに入れ、Aと酒を加えて火にかける。煮立ったらふたをして3分ほど蒸し、冷ます（このとき出た汁は捨てないでとっておく）。
2. ①の鶏肉を細切りにしてボウルに入れ、練り梅と①の肉汁、オリーブオイルであえる。
3. 袋の表示より2分長めにゆでて冷水でしめ、水けをとったパスタを器に盛り、②とレタスをのせ、梅干しを飾る。

ほどよい辛味が食欲を刺激。しゃきしゃきの水菜もさわやか

明太子と水菜のパスタ

材料（2人分）

スパゲッティ……140g
明太子……2はら
水菜……¼束
A ┌にんにく（みじん切り）……小さじ1
　 │赤とうがらし（種を除き輪切り）……½本
　 └オリーブオイル……大さじ2
めんつゆ（ストレート）、水……各大さじ1.5

下準備
- 明太子はスプーンなどで薄皮からしごき出す。
- 水菜は食べやすく切る。

作り方

1. フライパンにAを入れて火にかける。
2. 香りが立ったら①にめんつゆと水を加えて火を止め、冷ます。
3. 袋の表示より2分長めにゆでて冷水でしめ、水けをとったパスタと明太子を②にからめる。水菜を加えてざっとまぜ、器に盛る。

香り高い大葉と、レモンの酸味がとびきりフレッシュ！

ほたてと大葉のレモン風味パスタ

材料（2人分）

カッペリーニ……140g
ほたて（刺し身用）……大4個
大葉……6枚
A［めんつゆ（ストレート）、水……各大さじ1
　 ごま油、ゆずこしょう……各少々
レモン汁……小さじ1
花穂じそ……好みで

下準備
● ほたては小さく切る。
大葉はせん切りにする。

作り方

1. ほたてと大葉、Aをボウルに合わせ、なじませる。
2. 袋の表示より2分長めにゆでて冷水でしめ、水けをとったパスタを①にからめる。
3. ②を器に盛り、レモン汁をまわしかける。花穂じそを添える。

素材の切り方をひと工夫すればパスタによくからみます

山いもとほたての塩パスタ

材料（2人分）

カッペリーニ……120g
山いも……5cm
ほたて(缶詰)……1缶
塩こんぶ……5g
A ┌ オリーブオイル……大さじ1.5
　 └ レモン汁……少々
砂糖、塩……各少々
万能ねぎ……適量

下準備

- 山いもは皮をむいてせん切り、万能ねぎは小口切りにする。
- ほたてはせん切りにする。

作り方

① ボウルに山いも、ほたて、塩こんぶ、Aをまぜ合わせる。

② 袋の表示より1分長めにゆでて冷水でしめ、水けをとったパスタを①に加えてまぜ、砂糖、塩で味をととのえる。

③ 器に盛り、万能ねぎをのせる。

ゆで汁の塩けで鶏肉に下味をつけたら、あとはまぜるだけ

やわらか鶏むね肉のパスタ

材料（2人分）

スパゲッティ……160g
鶏むね肉……1枚
玉ねぎ……⅛個
A ┌鶏がらスープのもと(顆粒)……小さじ1
　└水……75mℓ
B ┌ごま油……大さじ1.5
　│塩……少々
　└レモン汁……少々
いり白ごま……適量

下準備

- 鶏肉は食べやすい大きさに切る。
- 玉ねぎはみじん切りにし、水にさらす。

作り方

① パスタをゆでるお湯を沸かし、塩適量(分量外)を加える。パスタをゆでる前に鶏肉をゆでて冷ます。

② ボウルに①の鶏肉と玉ねぎ、A、Bを合わせてよくまぜる。

③ 袋の表示より2分長めにゆでて冷水でしめ、水けをとったパスタを②に加えてまぜ、器に盛る。白ごまを振る。

出身地・宮崎の郷土料理を大胆にアレンジしたヘルシーな一品

くずしどうふの冷や汁風パスタ

材料（２人分）

スパゲッティ……160g
絹ごしどうふ……１丁
A［ごまだれ（しゃぶしゃぶ用）……大さじ２
　 水……¼カップ
すり白ごま……適量
大葉……６枚

下準備

- とうふは軽く水きりし、スプーン等でくずす。
- 大葉はせん切りにする。

作り方

1. ボウルにとうふ、A、すりごまを合わせる。
2. 袋の表示より２〜３分長めにゆでて冷水でしめ、水けをとったパスタを①に加えてまぜ、器に盛る。
3. ②に大葉をかざる。

Part 6

持ち寄り＆おもてなしにも
ぴったり！

パーティパスタ＆イタリアンメニュー

最後は、家に人がたずねてきたときのおもてなしや、友達の家に持ち寄っておじゃましたときに使えるメニュー。ここでは、パスタやボリューム感のある肉料理、前菜代わりに使えるサラダとスープ、そしてシメのスイーツまでたっぷりあるから、好みのメニューを組み合わせればオリジナルコースが完成します。気の利いた料理はまわりにも喜ばれるはず。もちろん、特別な日だけでなく、ふだんの食卓にもぜひどうぞ。

Minnani Yorokonde
Moraeru Hazu!

にぎやかな見た目に歓声が上がる、カラフルパスタ

カラフルチーズパスタ

材料（2人分）

スパゲッティーニ……160ｇ
ツナ(缶詰)……１缶(80ｇ)
コーン(缶詰)……小½缶
チンゲンサイ……１束
ミニトマト……１パック
A ┌にんにく(みじん切り)……大さじ½
　│赤とうがらし(種を除き輪切り)……¼本
　└オリーブオイル……大さじ１
水……¼カップ
パルミジャーノチーズ、粉チーズ、塩……各適量
イタリアンパセリ……適量

下準備

- チンゲンサイは根元を切り落とし一口大に切る。ミニトマトは４等分する。
- ツナは油をきる。

作り方

1. フライパンにＡを入れて弱火にかける。
2. ①の香りが立ったら、ツナ、コーン、チンゲンサイ、パスタのゆで汁¼カップと水を加えていため、ミニトマトを加えたらひと煮立ちさせる。
3. ゆで上がったパスタを②に加えてひとまぜし、パルミジャーノチーズのスライスと粉チーズを加え、塩で味をととのえる。器に盛り、イタリアンパセリを散らす。

パスタもひと口サイズに盛りつければ前菜風に早変わり

明太子のスプーンパスタ

材料（２人分）

カッペリーニ……40g
明太子……¼はら
水……25mℓ
A ┌サラダほうれんそう……½束
　└大根……２cm
オリーブオイル……大さじ½
大葉……２枚
芽ねぎ、花穂じそ……好みで

下準備

- 明太子はスプーンなどで薄皮からしごき出す。
- サラダほうれんそうは根元を少し落としてせん切り、大根は皮をむいてせん切りにする。大葉もせん切りにする。

作り方

1. ボウルに明太子と水を入れてのばし、オリーブオイルとAを加えてよくまぜる。
2. 袋の表示時間より１分長くゆでて冷水でしめ、水けをとったパスタを①に加えてあえる。
3. ②を一口大に丸めてれんげなどに盛り、大葉、芽ねぎと花穂じそを飾る。

ラザニア生地をクレープで代用。もっちりした食感です

クレープラザニア

材料（作りやすい分量）

クレープ生地

薄力粉……80g

A ┌グラニュー糖……10g
　└塩……ひとつまみ

バター……10g

卵……２個

牛乳……１カップ

オリーブオイル……適量

ほうれんそう……½束

モッツァレラチーズ……250g

塩、こしょう……各少々

ホワイトソース、ミートソース……各½缶（各145g）

牛乳……½カップ

粉チーズ……大さじ２

バター……10g

下準備

- 薄力粉はふるう。バターは電子レンジでとかす。
- ほうれんそうはゆでて水けをしぼり、細かく切る。
- モッツァレラチーズも細かく切る。

作り方

1. クレープを作る。薄力粉とAをボウルに入れてまぜ、といた卵を加えて泡立て器でよくまぜる。
2. ①に牛乳を少しずつ加えまぜ、バターを加える。
3. 熱したフライパンにオリーブオイルを薄く引き、お玉などで②を流し入れ、生地のまわりに火が通ってきたらひっくり返して両面を焼き、冷ます。残りの生地も同様に焼く。
4. 別のボウルにほうれんそうとチーズを入れ、塩、こしょうする。
5. ③の手前に④を適量のせ、両端を折り込み手前から奥へ巻いていく。
6. 耐熱皿に⑤を並べ、牛乳でのばしたホワイトソース、ミートソースをまぜたものをかける。粉チーズとバターを散らし、180度のオーブンで約30分焼く。

メイン

薄くたたいた豚肉をチーズ入り衣で香ばしく焼き上げて

豚肉のイタリアンカツレツ

材料（作りやすい分量）

豚ヒレ肉（2cm厚さ）……4切れ
塩、こしょう……各少々
薄力粉……適量
卵……1個
A［パン粉……大さじ6
　 粉チーズ……大さじ2
オリーブオイル……大さじ1
バター……10g
粉チーズ（仕上げ用）……大さじ1
ミディトマト……4個
クレソン……1束
パルミジャーノチーズ……好みで

作り方

1. 豚肉にといた卵、Aの順で衣をつける。これを2回繰り返す。
2. フライパンにオリーブオイルを入れて火にかけ、①を3分焼く。ひっくり返してさらに3分焼き、バターを加える。
3. バターがとけたら仕上げ用の粉チーズをふりかけ、器に盛る。ミディトマト、クレソン、パルミジャーノチーズのスライスを添える。

下準備

- 豚肉は手のひらで軽くたたき、塩、こしょうで下味をつけて小麦粉をまぶす。
- Aをよくまぜる。
- ミディトマトは4つ切りに、クレソンは食べやすく切る。

ミニバーグにしてピックで刺せばパーティ仕様に

鶏つくねバーグ

材料（作りやすい分量）

A
- 鶏ひき肉……200g
- かたくり粉……10g
- 水……20mℓ
- いため玉ねぎ……50g
- 卵……½個
- オイスターソース……小さじ1
- 砂糖、塩……各ひとつまみ
- しょうが（みじん切り）……小さじ½

オリーブオイル……大さじ2
じゃがいも……中2個
えのき……1パック
エリンギ……2本
ローズマリー……1本
塩、こしょう……各少々

下準備

- じゃがいもは皮をむいて2cm角に切り、揚げ油（分量外）で素揚げする。
- えのきとエリンギは根元を少し切り落とし、食べやすく切る。

作り方

1. Aをすべてボウルに入れ、よくまぜ合わせる。
2. フライパンにオリーブオイルの半量を熱し、①をスプーンで一口大に落とし、中火で両面焼く。
3. 別のフライパンにオリーブオイルの残りとローズマリーを熱し、きのこ類を入れて強火でいため、塩、こしょうで味をととのえる。
4. ②とじゃがいもを重ねてピックに刺して器に盛り、③をそえ、好みのハーブ（分量外）を飾る。

煮込む前にこんがり焼くことでうまみを閉じ込めます

鶏もも肉のクリーム煮込み

材料（作りやすい分量）

骨つき鶏もも肉……4本
塩、こしょう（下味用）……各少々
カリフラワー……1株
マッシュルーム……8本
スライスベーコン……4枚
A ［にんにく（みじん切り）……大さじ1
　 オリーブオイル……大さじ2
B ［水……1カップ
　 コンソメ（顆粒）……小さじ1
C ［生クリーム……1カップ
　 バター……10g
粉チーズ……大さじ1
塩、こしょう……各少々
イタリアンパセリ……好みで

下準備

- 鶏肉は裏側の骨にそって包丁で切り込みを入れ、塩、こしょうで下味をつける。
- カリフラワーは根元を切り落として小房に分ける。
- マッシュルームは一口大に切る。
- ベーコンは1cm幅に切る。

作り方

1. Aをフライパンに入れて中火で熱し、鶏肉を皮目から焼く。こんがりと焼けたら裏返して同様に焼く（ペーパータオルなどで脂を除きながら）。
2. なべに①、野菜類、ベーコンを加えていため、Bを加えて10分ほど煮る。
3. ②にCを加えてひと煮立ちさせたら粉チーズを加え、塩、こしょうで味をととのえる。器に盛り、イタリアンパセリを飾る。

下準備

- えびは尾と背わたを除き、食感が残る程度に細かく切る。
- 玉ねぎはみじん切りにし、オリーブオイル少々（分量外）を中火で熱したフライパンで透き通るまでいためる。

えびのぷりぷり感を生かした豪快サンドイッチ

えびバーグサンド

材料（作りやすい分量）

むきえび……300g
玉ねぎ……20g
卵……½個
A［水、かたくり粉、パン粉……各大さじ1
　 塩、こしょう……各少々
オリーブオイル……大さじ½
サンドイッチ用食パン……6枚
レタス……3枚
ケチャップ、マヨネーズ、中濃ソース
……各適量

作り方

1. えびと玉ねぎ、といた卵、Aを入れてよくねり合わせ、1cm厚さの小判形に成形する。
2. フライパンにオリーブオイルを熱し、①を入れて中火で2分、ひっくり返して2分焼く。
3. パンは2等分し、ちぎったレタスと②をはさんで器に盛る。ケチャップ、マヨネーズ、ソースを好みでつけていただく。

卵と具をまぜて焼くだけ！　味つけ不要のお手軽さ

肉じゃがのスパニッシュ風オムレツ

材料（直径20cmのフライパン1枚分）

肉じゃが……200g
卵……4個
A ┌粉チーズ……大さじ2
　 └生クリーム……大さじ4
オリーブオイル……大さじ1
ルッコラ、パルミジャーノチーズ……好みで

作り方

1. ボウルに卵をとき、食べやすく切った肉じゃがとAを合わせてよくまぜる。
2. フライパンにオリーブオイルを熱し、①を流したらふたをし、弱火で3分程度焼く。卵の表面が固まってきたらひっくり返してさらに3分焼く。
3. ②を器に盛り、ルッコラとパルミジャーノチーズのスライスを飾る。

アンチョビの塩けとバターのコクでお酒に合う１品

じゃがいものアンチョビバターいため

材料（２人分）

じゃがいも……２個
アンチョビフィレ……２枚
バター……10g
オリーブオイル……大さじ½
イタリアンパセリ……適量

下準備

- じゃがいもは皮をむき、5㎜厚さに切る。
- アンチョビはきざむ。
- イタリアンパセリはみじん切りにする。

作り方

1. フライパンにオリーブオイルを熱し、アンチョビとバターをいっしょに入れ、いためる。
2. ①にじゃがいもを加え、強火で透き通るまでいためる。
3. ②を器に盛り、イタリアンパセリを散らす。

温泉卵をソース代わりにしてまろやかな味わいに

キャベツのソテー 温泉卵ソース

材料（２人分）

玉ねぎ……¼個
キャベツ……¼個
スライスベーコン……２枚
温泉卵（市販）……２個
オリーブオイル……大さじ½
塩……適量

下準備
- 玉ねぎは薄切り、キャベツはざく切りにする。
- ベーコンは7㎜幅に切る。

作り方

1. フライパンにオリーブオイルを熱し、ベーコン、玉ねぎ、キャベツの順にいため、玉ねぎがしんなりしてきたら塩で味つけをする。
2. 深めのカップに①をしき、温泉卵を割り入れる。
3. ②をくずしながらまぜていただく。

スープを吸ったやわらかトマトがとろけます

トマトのコンソメ煮

材料（2人分）

トマト……2個

A
- 水……1カップ
- コンソメ（顆粒）……大さじ1

塩、こしょう……各少々

バジル……好みで

作り方

1. なべにお湯を沸かし、沸騰したらトマトをくぐらせて氷水にとり、皮をむく。
2. なべをきれいにしたらAを入れて火にかける。沸騰したら弱火にして①を加え、10分ほどコトコト煮る。
3. 塩、こしょうで味をととのえて器に盛り、バジルを飾る。

淡白なささ身もあんをからめればジューシー

鶏ささ身のトマトあんかけ

下準備

- 鶏ささ身は塩、黒こしょうで下味をつける。
- パセリはみじん切り、ミニトマトは4等分する。

材料（2人分）

鶏ささ身……3本

ミニトマト……7〜8個

塩、黒こしょう……各適量

オリーブオイル……大さじ½

A
- めんつゆ（ストレート）……½カップ
- 水……¼カップ
- 砂糖……少々

水ときかたくり粉……適量

パセリ……適量

作り方

1. 鶏ささ身はオリーブオイルを熱したフライパンで火が通るまでソテーする。
2. Aをなべに入れて煮立て、水ときかたくり粉でとろみをつけたらミニトマトとパセリを加える。
3. ①を器に盛り、②をかける。

こんがりかぼちゃを生ハムで巻くだけで華やか

かぼちゃのグリル

材料（作りやすい分量）

かぼちゃ……¼個
オリーブオイル……適量
生ハム……６〜８枚
セルフィーユ……好みで

下準備

● かぼちゃはスプーンなどで種とわたを除き、７〜８㎜厚さに切る。

作り方

1. かぼちゃはガス台のグリル網にのせ、オリーブオイルを薄く塗って、両面に焼き色がつくまで７分ほど焼く。
2. ①をグリルから出して冷まし、生ハムを巻きつける。
3. ②をピックで刺して器に盛り、セルフィーユを飾る。

焼くことでぷりっとした食感が楽しめる

焼きかまぼこの岩のりソース

材料（2人分）

かまぼこ……1本
オリーブオイル……大さじ½
岩のり……大さじ½
A ┌水……大さじ2
　│オリーブオイル……大さじ½
　└レモン汁……少々
芽ねぎ……好みで

作り方

1. かまぼこは縦に4等分する。岩のりはAでのばす。
2. フライパンにオリーブオイルを引き、①のかまぼこを入れて中火で焼き目がつくまで焼く。
3. ②を器に盛り、①の岩のりソースをかけ、3㎝長さに切った芽ねぎを散らす。

オリーブオイルで風味づけ。これだけでイタリアン

きゅうりの塩こんぶマリネ

材料（2人分）

きゅうり……1本
塩（板ずり用）……少々
塩こんぶ……大さじ1
オリーブオイル……大さじ1
酢……少々

下準備

● きゅうりはへたを切り、まな板にのせたら塩をまぶして転がす（＝板ずり）。なじんだら塩を洗い流す。

作り方

1. きゅうりはすりこぎなどでたたいて割れ目を入れ、一口大に切る。
2. ボウルに①を入れ、塩こんぶをまんべんなく振りかけてざっとまぜる。
3. ②にオリーブオイル、酢を加えてマリネし、器に盛る。

大根からほんのり透けて見える梅の色がきれい

ひらひら大根のミルフィーユ

材料（2人分）

大根……5㎝
練り梅……大さじ1.5
砂糖、オリーブオイル、水……各大さじ½
万能ねぎ……適量
花穂じそ……好みで

下準備

● 大根は皮をむいて2㎜厚さの輪切りにし、水にさらす。万能ねぎは小口切りにする。

作り方

1. ボウルに練り梅を入れ、砂糖、オリーブオイル、水を加えてよくまぜる。
2. 大根を水からあげ、キッチンペーパーなどでよく水けをふく。
3. ②に①を塗り、重ねていく。仕上げに万能ねぎと花穂じそを散らす。

コチュジャンを加えたスパイシー仕上げ

ピリ辛ミネストローネ

材料（2人分）

玉ねぎ……1/8個
にんじん……1/4本
セロリ……1/2本
ズッキーニ……1/4本
トマト……1/2個
パプリカ……1/2個
グリンピース（缶詰）……大さじ1
オリーブオイル……大さじ1/2
水……2カップ
A ┌コンソメ（顆粒）……小さじ1/2
　│コチュジャン……小さじ1/4
　└砂糖……少々
塩……少々
セルフィーユ……好みで

下準備

● 玉ねぎとにんじんは皮をむき、5㎜角に切る。セロリ、ズッキーニ、トマトは5㎜角に切る。パプリカは種とわたを除き、5㎜角に切る。

作り方

1. なべにオリーブオイルを熱し、野菜類とグリーンピースをしんなりするまでいためる。
2. ①に水を加えて弱火で10分ほど煮たらAを加え、塩で味をととのえる。
3. ②を器に入れ、セルフィーユを飾る。

レタスの歯ざわりを生かしたあっさり味

せん切りレタスのスープ

材料（2人分）

レタス……⅛個
スライスベーコン……1枚
A［水……2カップ
　 鶏がらスープのもと（顆粒）……小さじ½
塩、こしょう……各少々
イタリアンパセリ……好みで

下準備

- レタスはせん切りにする。
- ベーコンは1㎝幅に切る。

作り方

1. Aをなべに入れ、沸騰したらベーコンを加える。
2. ①を3分ほど煮立て、塩、こしょうで味をととのえる。火を止める直前にレタスを加える。
3. ②を器に入れ、イタリアンパセリを飾る。

優しいトマトの酸味とふわふわ卵が絶妙！

トマト入りかきたまスープ

下準備

- トマトはざく切り、玉ねぎは薄切りにする。
- ハムは細切りにする。

材料（2人分）

トマト……1個
ハム……2枚
玉ねぎ……¼個
A［水……1.5カップ
　鶏がらスープのもと（顆粒）……大さじ½
卵……1個
塩、こしょう……各少々
イタリアンパセリ……好みで

作り方

1. Aをなべに入れ、沸騰したらハムと玉ねぎを加えて3分煮立てる。
2. ①にトマトを加えて、さらにといた卵を加える。卵がふんわり浮かんできたら火を止め、塩、こしょうで味をととのえる。
3. ②をひとまぜして器に入れ、イタリアンパセリを散らす。

滋味豊かな鶏のスープにしょうがをきかせて

鶏手羽元のジンジャースープ

材料（２人分）

鶏手羽元……４本
塩……少々
水……２カップ
しょうが……大さじ½
あさつき……適量

下準備

● しょうがはみじん切り、あさつきは小口切りにする。

作り方

1. 鶏肉は骨にそって切り込みを入れて、かるく塩をまぶす。
2. なべに水と①を入れ、火にかける。煮立ったらアクをとり、しょうがを加えて弱火で 15 分煮込む。
3. ②を器に入れ、あさつきを散らす。

とろみで閉じ込めたひじきのうまみが引き立つ

ひじきのとろとろスープ

材料（2人分）

ひじきの煮物……50g
絹ごしどうふ……½丁
A［めんつゆ（ストレート）……大さじ1.5
　 水……1.5カップ
水どきかたくり粉……適量
砂糖、塩……各少々
ごま油……適量
エディブルフラワー……好みで

作り方

1. ひじきの煮物はのどごしのよい大きさに切る。とうふはさいの目に切る。
2. なべに①のひじきの煮物、Aを入れて沸かす。沸騰したら水どきかたくり粉を加え、とろみをつける。
3. ②に①のとうふを加え、火が通ったら火を止め、砂糖、塩で味をととのえる。ごま油をまわしかけて器に入れ、エディブルフラワーを散らす。

具だくさんの"食べる"スープは一皿で満足

きんぴらとウインナーのスープ

材料（2人分）

きんぴらごぼう……40g
ウインナー……2本
A［鶏がらスープのもと（顆粒）……大さじ½
　 水……1.5カップ
砂糖、塩……各適量
あさつき……適量
いり白ごま……適量

下準備

- あさつきは小口切りにする。

作り方

1. きんぴらは食べやすい大きさに切る。ウインナーは斜め薄切りにする。
2. なべにAを沸騰させたら火を弱め、①を加えて3分程度煮る。砂糖、塩で味をととのえる。
3. ②を器に入れ、仕上げにごまとあさつきを散らす。

Part 1
Part 2
Part 3
Part 4
Part 5
Part 6

ヨーグルト入りのソースでさっぱり食べられる

カレー風味のシーザーサラダ仕立て

材料（2人分）

じゃがいも……⅓個
にんじん……⅓本
ブロッコリー……⅓株
カリフラワー……⅓株
A
- マヨネーズ……大さじ4
- ヨーグルト……大さじ4
- すりおろしにんにく……小さじ¼
- 粉チーズ……大さじ1
- カレー粉……小さじ½
- しょうゆ……小さじ¼

クルトン……適量

下準備

- じゃがいもは皮をむきいちょう切り、にんじんは皮をむいて3㎜厚さに切る。
- ブロッコリーとカリフラワーは根元を切り落とし、小房に分ける。

作り方

1. 耐熱ボウルに野菜類をすべて入れ、ラップをふんわりとかけて電子レンジで5分加熱する。
2. Aをよくまぜ合わせてソースを作る。
3. ①に②をからめる。器に盛り、クルトンを飾る。

まぜごはんが立派なサラダに！　美しく盛りつけて

鮭と枝豆のライスサラダ

材料（2人分）

ごはん……茶わん1杯分
鮭（ほぐしたもの）……大さじ2
ゆで枝豆……大さじ2
オリーブオイル、レモン汁……各大さじ½
ハーブ、水菜……好みで

作り方

1. ボウルにごはん、鮭、枝豆を入れ、ゴムべらなどでさっくりとまぜる。
2. ①にオリーブオイルをまわしかけてざっとまぜ、レモン汁をかけて器に盛る。ハーブを散らし、水菜を飾る。

いためて包むだけ。大きな口でほおばって！

ひき肉のサンチュ包みサラダ

材料（２人分）

合いびき肉……100ｇ
焼き肉のたれ（市販）……大さじ１
サラダ油……大さじ½
サンチュ……６枚程度
万能ねぎ……適量

作り方

1. フライパンにサラダ油を熱し、ひき肉を入れてパラパラになるまでいためる。
2. ①に焼き肉のたれを加えて、よくまぜる。
3. ②と万能ねぎをサンチュで包んでいただく。

Part 1
Part 2
Part 3
Part 4
Part 5
Part 6

夏の定番・ほくほくのそら豆がごちそうに

そら豆のホットサラダ

材料（２人分）

そら豆……30粒
生ハム……２枚
塩、こしょう……各少々
オリーブオイル……大さじ½
パルミジャーノチーズ……適量
粉チーズ……大さじ１

作り方

① そら豆はさやから出し、薄皮をむく。

② フライパンにオリーブオイルを熱し、①と塩、こしょうを加えていためる。

③ ②を器に盛り、生ハムとパルミジャーノチーズのスライスを散らし、粉チーズをかける。

デザート

あつあつバナナにチョコがとろり。極上コラボ！

焼きバナナチョコ

材料（作りやすい分量）

バナナ……４本
A［バター……20ｇ
　 グラニュー糖……大さじ２
板チョコレート……½枚
バニラアイス……120ｇ
ココア、粉糖……各適量
ミント……好みで

作り方

1. バナナは皮をむく。板チョコレートは細かくきざむ。
2. フライパンにＡを入れて弱火にかけ、とけてきたら①のバナナを加え、強火にしてからめるように両面を手早く焼く。
3. ②が熱いうちに①のチョコレートをからめ、器に盛る。ココアと粉糖をまぶし、バニラアイスとミントをそえる。

さわやかな甘さが広がる、ひんやりスイートスープ

いちごのスープ

材料(作りやすい分量)

A ┌いちご……1パック
　 │バニラアイス……120g
　 └牛乳……¼カップ

いちご(飾り用)……4粒
ミント……好みで

作り方

1. いちごはへたをとり、水洗いする(飾り用は細かくきざむ)。
2. Aをミキサーにかける。
3. ②を器に盛り、①の飾り用いちごとミントを飾る。

お好みのフルーツをどっさり。見た目もキュート

プチベリーパイ

材料(作りやすい分量)

冷凍パイシート(18×18cm)……1枚
A［生クリーム……1カップ
　 砂糖……小さじ2
ラズベリー、ブルーベリー……各適量
キウイ……1個
パイナップル(缶詰)……適量
ミント……好みで

下準備

- 冷凍パイシートは室温で解凍し、6cm角の大きさに切る。
- オーブンは予熱する。
- フルーツは小さく切る。

作り方

1. 解凍したパイシートを170度のオーブンで20分焼く。
2. Aをボウルに入れ、ボウルの底を氷水にあてながら泡立て器でピンと角が立つくらいまでホイップする。
3. 焼き上がった①のうち、半分に②をしぼり、フルーツをのせる。器に盛り、残りの①を重ねてミントを飾る。

空気をふくませながらまぜてふんわりと

ダブルピーチソルベ

材料（作りやすい分量）

白桃（缶詰）……1缶
ピーチジュース（市販）……½カップ
レモン汁……少々
ミント……好みで

作り方

1. 桃の果肉は適当に切り、ピーチジュース、レモン汁と合わせてミキサーにかける。
2. バットに①を流し、冷凍庫で凍らせる。全体が少し固まってきたらフォーク等でかきまぜる（1時間を目安に、これを2～3回繰り返す）。
3. ②がシャリシャリになったら器に盛り、ミントを飾る。

みたらしソースの甘じょっぱさがクセになる

バニラアイスのみたらしソース

材料（作りやすい分量）

バニラアイス（市販）……360mℓ
A［はちみつ……大さじ2
　 しょうゆ……大さじ1
クラッシュピーナッツ……適量

作り方

1. Aをよくまぜ合わせる。
2. 器に盛ったバニラアイスに①をかける。
3. ②にクラッシュピーナッツを振る。

もちもち白玉にこっくりチョコの濃厚さがたまらない

白玉のチョコソースがけ

材料（作りやすい分量）

白玉粉……80g
グラニュー糖……15g
水……100～120mℓ
（白玉粉の袋の分量表記に従う）
板チョコレート（市販）……1枚
きなこ……適量
ミント……好みで

下準備

● チョコレートはきざんでボウルに入れ、電子レンジで2分程度加熱し、とかす。

作り方

1. 白玉粉にグラニュー糖をまぜ、水を加えて耳たぶくらいの固さになるまで練る。一口大に丸めたら中央を軽くくぼませる。
2. 沸騰したお湯で①をゆで、浮き上がってきて少ししたら引き上げ、氷水にとる。
3. ②を器に盛り、チョコレートをかける。きなこを振り、ミントを飾る。

おわりに

みなさん、このたびは僕のレシピ本をお買い上げいただき、ありがとうございます。
今回の本へのアプローチには、代官山「タツヤ・カワゴエ」の川越達也というより、休日の「かわごえたつや」というイメージで、カジュアルなおうちごはんに着地させたいという思いがありました。
基本的には、ご家庭にあるような食材・調味料で、ぱぱっとできておいしく、それでいてひと手間加わっていることの伝わるメニューが満載のレシピ本を作りたかったのです。なのでレシピの中には、ご家庭でなじみ深いもののほか、意外な食材を組み合わせたものもあり、きっとみなさんのおうちごはんの参考にしていただけると思います。
僕の戦闘服であるコックコートを脱いで、肩の力の抜けた自由な発想で作ったメニューの数々。この本を通して、みなさんのおうちの食卓で笑顔が増えるお手伝いができれば幸いです。

川越達也

【著者プロフィール】

川越達也　Tatsuya Kawagoe

1972年生まれ、宮崎県出身。『タツヤ・カワゴエ』オーナーシェフ、株式会社タツヤ・カワゴエ代表取締役。大阪あべの辻調理師専門学校卒業後、大阪、東京のフランス料理店、イタリア料理店、日本料理店で修業。25才でイタリア料理店の料理長となり、その後、2店舗で料理長を歴任。28才のときに独立、「ティアラ・K・リストランテ」をオープン。独立6年目に店舗を代官山へ移し、店名を「タツヤ・カワゴエ」とする。2009年10月に同じ代官山にて再び移転。"ジャンルにとらわれないイタリアン"を追求し、斬新かつ独自のスタイルで人気に。現在はフードビジネスも展開するほか、イベントでの料理講師など、多方面にて活躍中。

タツヤ・カワゴエ

東京都渋谷区代官山町 11-12 日進ヒルズ代官山 2F
☎ 03-5489-3632
http://www.tatsuya-kawagoe.com/

【Staff】

カバー・表紙・本文デザイン／三谷日登美
撮影／原 ヒデトシ
料理スタイリング／二野宮友紀子、渡会順子
衣装スタイリング／松木羊子
ヘア＆メイク／渡辺タエ
校正／渡邉桂子（東京出版サービスセンター）
編集／松原陽子
編集デスク／木村晶子（主婦の友社）
撮影協力／アワビーズ

☆この本は、小社刊行の雑誌「Como」の記事（2008年3月～2010年4月）に、
新規取材を加えて編集したものです。

川越達也の 3ステップで10分パスタ

編　者　主婦の友社
発行者　荻野善之
発行所　株式会社主婦の友社
〒101-8911
東京都千代田区神田駿河台 2-9
電話　03-5280-7537（編集）
03-5280-7551（販売）
印刷所　大日本印刷株式会社

■乱丁本、落丁本はおとりかえします。お買い求めの書店か、主婦の友社資材刊行課（電話 03-5280-7590）にご連絡ください。
■記事内容に関するお問い合わせは、主婦の友社出版部（電話 03-5280-7537）まで。
■主婦の友社が発行する書籍・ムックのご注文、雑誌の定期購読のお申し込みは、お近くの書店か主婦の友社コールセンター（電話 049-259-1236）まで。
＊お問い合わせ受付時間　土・日・祝日を除く　月～金　9:30 ～ 17:30
主婦の友社ホームページ　http://www.shufunotomo.co.jp/

こ－033101